El Día de los Muertos

Las festividades alrededor del mundo

Tatiana Tomljanovic

LIGHTBOX
openlightbox.com

LIGHTBOX

Entre a
www.openlightbox.com
e ingrese el código único
de este libro.

CÓDIGO DE ACCESO

LBXN3284

Lightbox es una completa solucióndigital para enseñar y aprender temas curriculares de una manera original e innovadora. Lightbox se basa en las Normas Curriculares Nacionales.

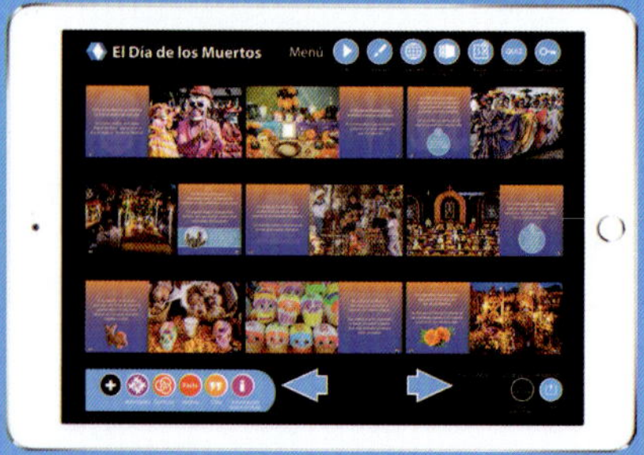

OPTIMIZADO PARA

- ✔ TABLETAS
- ✔ PIZARRAS ELECTRÓNICAS
- ✔ COMPUTADORAS
- ✔ ¡Y MUCHO MÁS!

CARACTERÍSTICAS ESTÁNDAR DE LIGHTBOX

AUDIO Narraciones de alta calidad con sistema de texto a voz

VIDEOS Videoclips de alta definición incorporados

ACTIVIDADES PDFs imprimibles que pueden enviarse por correo electrónico y calificarse

ENLACES WEB Enlaces cuidadosamente seleccionados con recursos seguros para niños

PRESENTACIÓN EN DIAPOSITIVAS Ilustraciones gráficas de los conceptos clave

MAPAS INTERACTIVOS Mapas interactivos e imágenes satelitales aéreas

QUIZ **CUESTIONARIOS** Diez preguntas de elección multiple con puntaje automático que se envían por correo electrónico al docente para su evaluación

PALABRAS CLAVE Combinación de los conceptos clave con sus definiciones

RECURSOS SUPLEMENTARIOS

COMPARTE Comparte títulos dentro de tu Sistema de Gestión de Aprendizaje (LMS) o Sistema de Circulación de Bibliotecas

CURRÍCULO Encuentre correlaciones curriculares Nacionales y Estatales.

CITAS Crea referencias bibliográficas siguiendo los estilos de APA, CMOS y MLA

VIDEOS

ENLACES WEB

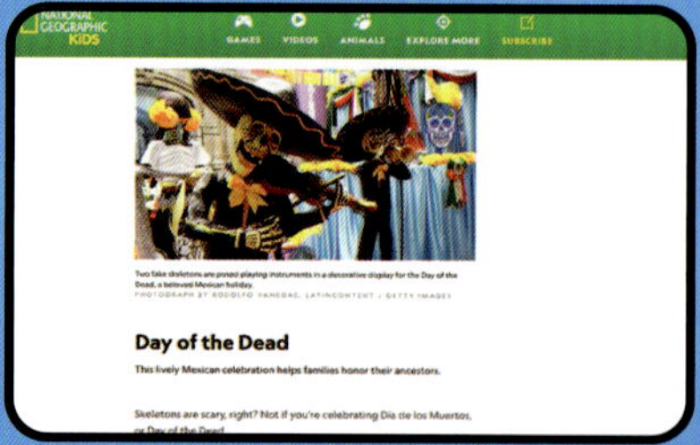

PRESENTACIÓN EN DIAPOSITIVAS

CUESTIONARIOS

Este título está incluido en nuestra suscripción digital de Lightbox

Suscripción en español de K–5 por 1 año
ISBN 978-1-5105-5935-6

Accede a cientos de títulos de Lightbox con nuestra suscripción digital.
Regístrate para una prueba **GRATUITA** en **www.openlightbox.com/trial**

Se garantiza que los componentes digitales de este libro estarán activos por al menos cinco años desde la fecha de publicación.

El Día de los Muertos

Las festividades alrededor del mundo

CONTENIDOS

El Día de los Muertos se celebra el 1 y 2 de noviembre de cada año.

En Estados Unidos, se lo llama *"Day of the Dead"*, que es como se dice en inglés el "Día de los Muertos".

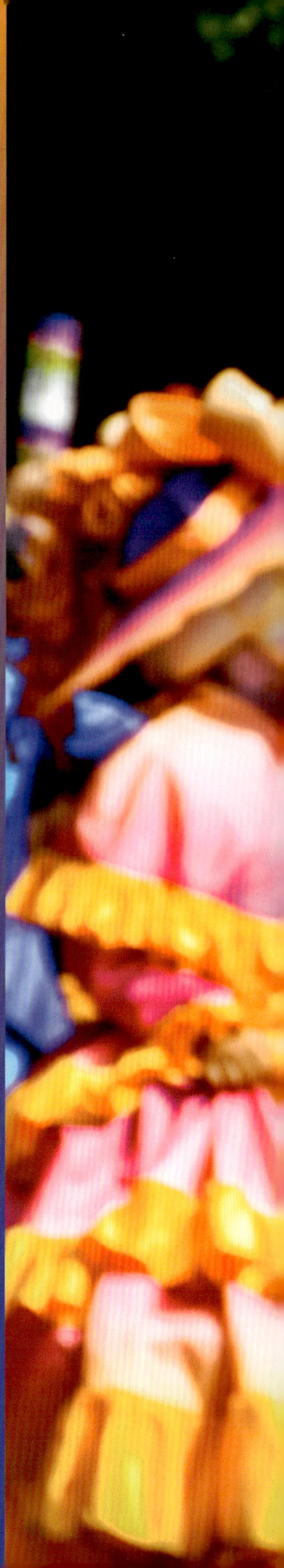

BENITA
6

El Día de los Muertos es una festividad mexicana muy alegre.

Es el momento en que se recuerda y honra a los seres queridos que han fallecido.

La Catrina es un símbolo importante de esta festividad. Es un esqueleto maquillado y vestido con ropa elegante.

Le recuerda a la gente que la muerte es parte del ciclo de vida.

La Catrina **fue creada** por José Guadalupe Posada en **1910**.

BAÑOS

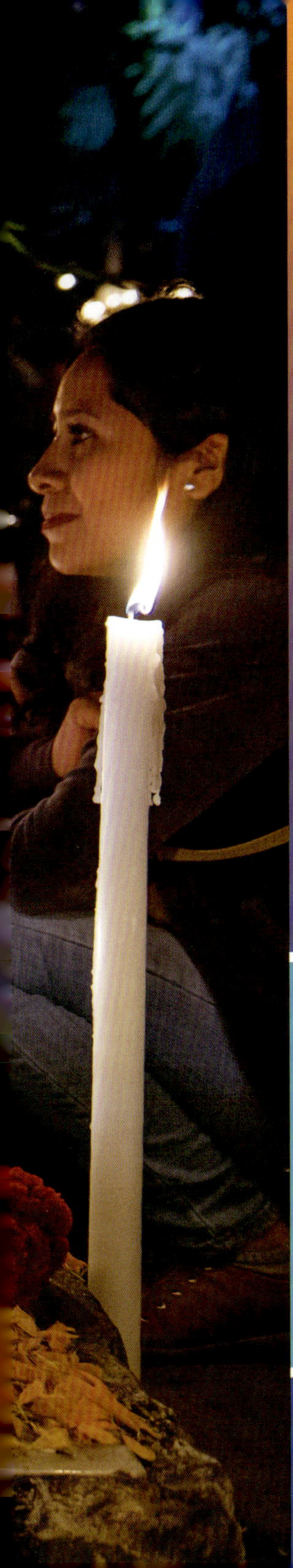

En México y otros países latinoamericanos, las familias lo celebran en los cementerios y las casas.

En algunos lugares se organizan desfiles. Los que desfilan suelen estar disfrazados de esqueleto.

Desde 2016, uno de los desfiles del Día de los Muertos más grandes del mundo se lleva a cabo en la Ciudad de México, la capital de México.

En el Día de los Muertos, se celebra tanto la vida como la muerte. Es un momento de alegría.

Las familias suelen reunirse en las tumbas para cantar canciones.

DIA DE MUERTOS

Se construyen ofrendas, o altares, para los seres queridos. La gente decora las ofrendas con fotos, velas, flores y otros recuerdos.

Muchas **ofrendas** tienen **7 niveles**, o etapas, que el alma debe atravesar para poder descansar en paz.

A los muertos, se les dejan golosinas con forma de calavera y panes dulces. El pan suele hacerse con forma de animales, ángeles o cruces.

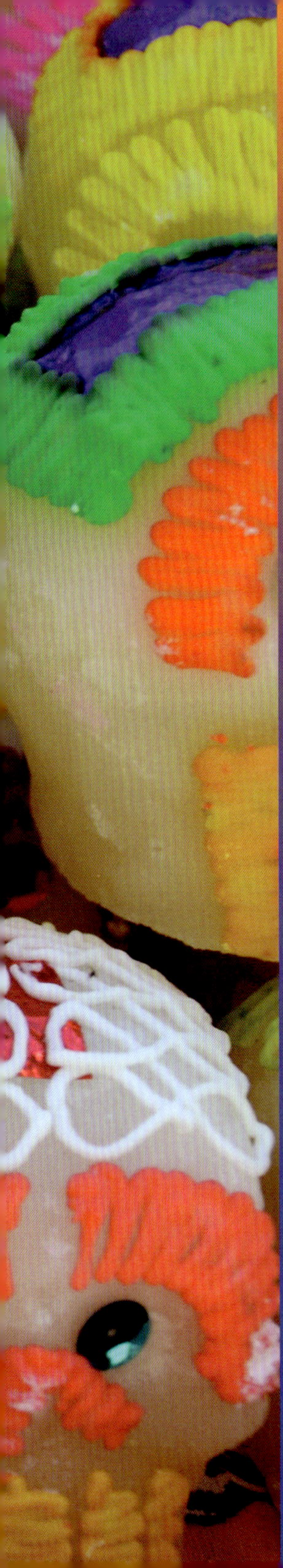

En el Día de los Muertos,
las casas y las ofrendas se
decoran con colores alegres.

Las calaveras y los esqueletos
se hacen con papel o azúcar.
Son muy coloridos y siempre
están sonrientes.

Las caléndulas tienen un papel especial en los festejos del Día de los Muertos.

Se dice que el color y el perfume de las caléndulas ayudan a los muertos a encontrar su camino a casa.

DATOS SOBRE EL DÍA DE LOS MUERTOS

Estas páginas ofrecen información detallada sobre los interesantes datos de este libro. Están dirigidas a los adultos, como soporte, para que ayuden a los jóvenes lectores a redondear sus conocimientos sobre cada festividad presentada en la serie *Las festividades alrededor del mundo.*

Páginas 4–5

El Día de los Muertos se celebra el 1 y 2 de noviembre de cada año. Coincide con la celebración católica del Día de Todos los Santos, el 1 de noviembre, y el Día de Todos los Muertos, el 2 de noviembre. La celebración del Día de los Muertos en México comienza durante la Noche de Brujas, el 31 de octubre y termina el 2 de noviembre. El 1 de noviembre es el Día de los Angelitos, que honra a los niños fallecidos. El 2 de noviembre es el Día de los Muertos.

Páginas 6–7

El Día de los Muertos es una festividad mexicana muy alegre. Combina el Día de Todos los Santos católico con la antigua costumbre azteca de honrar a los ancestros. Según la tradición, las puertas del cielo se abren en la medianoche del 31 de octubre y los espíritus de los niños pueden reunirse con su familia por 24 horas el 1 de noviembre. Los espíritus de los adultos pueden hacer lo mismo el 2 de noviembre.

Páginas 8–9

La Catrina es un símbolo importante de esta festividad. Se trata de un esqueleto sonriente vestido con un traje europeo de comienzos del siglo. En la cabeza, lleva un sombrero extravagante adornado con flores y plumas. Originalmente creada por el caricaturista político José Guadalupe Posada en 1910, la imagen de La Catrina puede verse en calaveras de azúcar y títeres. En los desfiles y los festejos públicos del Día de los Muertos, las mujeres y niñas se pintan la cara y se disfrazan de La Catrina.

Páginas 10–11

En México y otros países latinoamericanos, las familias lo celebran en los cementerios y las casas. Tradicionalmente, los festejos son íntimos de cada familia, pero los grandes eventos públicos también han adquirido una gran popularidad. En 2015, la película de James Bond *Spectre* retrató un imponente desfile del Día de los Muertos en Ciudad de México. Inspirada por la película, al año siguiente, la ciudad organizó su primer desfile real. Desde entonces, el desfile pasó a ser una tradición anual.

Páginas 12–13

En el Día de los Muertos, se celebra tanto la vida como la muerte. Las familias se reúnen para recordar a los seres queridos que han partido y comparten una comida con ellos, hablándoles como si estuvieran vivos. Se colocan adornos coloridos y se hacen desfiles. Todos los años, más de 1 millón de turistas asisten al desfile del Día de los Muertos de Ciudad de México.

Páginas 14–15

Se construyen ofrendas, o altares, para los seres queridos. Las ofrendas son la tradición más importante del Día de los Muertos. Estos altares temporarios se construyen en las casas y las tumbas para que los espíritus puedan encontrar el camino de regreso a sus familiares.

Páginas 16–17

A los muertos, se les dejan golosinas con forma de calavera y panes dulces. Cuando los misioneros italianos llegaron a América Central en el siglo 17, enseñaron a la gente a hacer adornos con azúcar, un abundante ingrediente local. Hoy, se hacen calaveras de azúcar decoradas y se las ofrecen a los muertos. También se hornea el Pan de Muerto con diferentes formas y se lo saboriza con naranja o anís.

Páginas 18–19

En el Día de los Muertos, las casas y las ofrendas se decoran con colores alegres. En la parte superior del altar, se suelen poner fotografías y alguna pertenencia del familiar fallecido. Las caléndulas, las velas y las calaveras de azúcar y papel hacen que las ofrendas sean coloridas y festivas. También se suelen colocar en el altar comidas mexicanas tradicionales como ofrendas.

Páginas 20–21

Las caléndulas tienen un papel especial en los festejos del Día de los Muertos. Se desparraman sus pétalos de color anaranjado formando un camino para los muertos. Se cree que el perfume y el color de las caléndulas ayudan a las almas a encontrar su camino. Las caléndulas han tenido un papel importante en los rituales centroamericanos desde la época de los Aztecas. Cuenta la leyenda que Mictecacihuatl, la diosa azteca de los muertos, permitía que los espíritus volvieran a la Tierra para reencontrarse con sus familiares.

Published by Lightbox Learning Inc.
276 5th Avenue, Suite 704 #917
New York, NY 10001
Website: www.openlightbox.com

Library of Congress Control Number: 2024933178

ISBN 978-1-5105-8616-1 (hardcover)
ISBN 978-1-5105-8618-5 (static multi-user eBook)
ISBN 978-1-5105-8617-8 (interactive multi-user eBook)

072024
112023

Printed in Guangzhou, China
1 2 3 4 5 6 7 8 9 0 28 27 26 25 24

Art Director: Terry Paulhus
Layout: Ana María Vidal
English Project Coordinator: Priyanka Das
Spanish Project Coordinator: Sara Cucini
English/Spanish Translation: Translation Services USA

Every reasonable effort has been made to trace ownership and to obtain permission to reprint copyright material. The publisher would be pleased to have any errors or omissions brought to its attention so that they may be corrected in subsequent printings.

The publisher acknowledges Alamy, Getty Images, and Shutterstock as the primary image suppliers for this title.